Weltbild

in 11 Geschichten mit
Druckerschwärze auf
weissem Papier

Die Deutsche Nationalbibliothek verzeichnet
diese Publikation in der deutschen Nationalbi-
bliographie; detaillierte bibliografische Daten
sind im Internet unter http://dnb.ddb.de abruf-
bar

ISBN-13 978-3-7392-1230-2

Herstellung und Verlag
BoD - Books on Demand, Norderstedt
www.bod.de

Gewidmet sind diese Geschichten
Sebastian, Caroline, Alexa, Kristina,
Kris, Naomi, Lea, Oliver, Joseph,
Mabinti und in der nächsten Generati-
on, nach augenblicklichem Stand der
Fortpflanzung und damit vorbehaltlich
Ergänzung, Scarlett, Aaliyah und Roo.

„Das Glück meiner Untertanen ist
wichtiger, als das Bruttosozialprodukt.“

Seine Majestät
Jigme Singye Wangchuk
Der vierte König von Bhutan
1970

Inhaltsverzeichnis

Der Kanzler der anfängt zu denken

Vor vielen Jahren, als es in Deutschland noch Industrie gab und Strom aus Atomkraftwerken und die Menschen morgens in ein Büro fuhren, um eine Arbeit zu verrichten von der sie nicht genau wussten wofür sie eigentlich gut war, saßen der damalige Kanzler und sein Minister für die Wirtschaft auf dem Rücksitz ihrer Luxuslimousine. Sie waren gemeinsam unterwegs zu einer der vielen Konferenzen, von denen auch niemand so recht wusste, wem sie nutzen und die das Leben von Regierungsmitgliedern früher einmal so anstrengend gemacht haben.

„So geht das nicht weiter, Herr Wirtschaftsminister!", sagte der Kanzler.

„Die Chinesen kaufen ein deutsches Unternehmen nach dem anderen. Wenn wir nichts dagegen unternehmen, sondern noch länger tatenlos zuschauen, dann ist unser Land bald eine chinesische Provinz."

Der Wirtschaftsminister antwortete, ohne auch nur von den Akten aufzuschauen, die auf seinen Knien lagen.

„Ich denke das ist unser Land, wie Sie das nennen, bereits, Herr Kanzler und im Übrigen ist das eine gute Gelegenheit Sie darüber zu informieren, dass ich gestern einen Vertrag unterschrieben habe, der mich nach meiner Amtszeit als Minister zum Vorsitzenden des Industrierates macht."

Dem Kanzler war die Bedeutung der Worte des Wirtschaftsministers vollkommen klar. In anderen Ländern Europas hatte die, von China großzügig finanzierte und als Industrierat bezeichnete, Institution immer mehr Einfluss gewonnen und schließlich die Regierung in der Machtausübung praktisch abgelöst. Was der Wirtschaftsminister ihm zu verstehen gab war, dass er auch nach Hause gehen könne. Was er ihm sagte war, dass seine Zeit dieses Land zu regieren abgelaufen sei.

Der Kanzler hörte sich ein wenig hilflos sagen:

„Aber .... aber .... das bedeutet doch dann das Ende unserer deutschen Kultur."

Der Wirtschaftsminister antwortete darauf trocken:

„China interessiert sich nicht für die deutsche Kultur, Herr Kanzler, sondern nur für die deutsche Wirtschaft, unsere Industrie und unseren Markt. Außerdem, wenn Sie mir die Bemerkung gestatten, eine „deutsche Kultur" haben wir erstens schon lange nicht mehr und es ist zweitens ein anrüchiger Begriff."

Danach fiel kein Wort mehr zwischen den beiden.

Am Abend dieses Tages saß der Kanzler dann Zuhause in seinem Wohnzimmer. In der bequemen Ecke seines Sofas, mit einem Glas Rotwein in der Hand. Die Fenster standen offen und die Nacht senkte sich über das Land. Von draußen drang der Geruch des nahen Waldes in den Raum. Vor ihm flackerte eine Kerze auf dem Tisch. Gegen zehn Uhr rief er seine Sekretärin an. Er gab ihr auf alle Termine für den Rest der Woche abzusagen, was keine leichte Aufgabe war. Aber als Sekretärin des Kanzlers war sie späte Anrufe, genauso wie Kummer, gewohnt. Der Kanzler ging kurz danach zu Bett. In den folgenden Tagen machte der Kanzler viele Spaziergänge und saß in seinem Garten, mit einem Krug Wasser neben sich. Er dachte nach und so war alles, was er in diesen Tagen tat für ihn ungewohnt.

Am Montagmorgen erschien er, als ob nichts gewesen wäre, wieder in seinem Amt, seinem prächtigen Büro und löste zuerst einmal das Wirtschaftsministerium auf. Er war zur Auffassung gekommen, dass deutsches Steuergeld zu schade sei, um damit eine chinesische Personalvermittlungsagentur zu finanzieren. Damit waren jedenfalls einmal die Fronten geklärt. Danach hielt er eine Ansprache im Fernsehen und erklärte der Nation, dass er nachgedacht hätte und dabei zu einer Auffassung gekommen sei. Nicht nur seine Sekretärin, sondern das ganze Volk war allein schon davon sehr überrascht; noch mehr aber über das, was er sagte:

„Der Gedanke, dass unsere Heimat zu einem Vasallen Chinas wird, gefällt mir so überhaupt nicht. Aber die Gefahr, dass unser Deutschland das wird, ist sehr real.

Warum?

Der Grund dafür ist, dass wir eine Wirtschaft haben die gekauft werden kann und die zu kaufen sich für den Käufer lohnt.

Das kommt daher, weil wir fleißige Menschen mit Erfindungsreichtum sind. Vor lauter Fleiß und Erfinden haben wir sogar ein klein wenig vergessen zu leben. Die Arbeit ging in den vergangenen Jahren dem Leben immer vor. Das hatte zur Folge, dass unsere Wirtschaft zwar erfolgreich, unsere Kultur dagegen nicht mehr sonderlich ausgeprägt ist. Man könnte ohne Übertreibung sogar sagen, dass sie ein wenig verkümmert ist.

Das hat sicherlich dazu beigetragen, dass die Chinesen denken wir hätten ja ohnehin nichts mehr zu verlieren, was wir nicht schon an die Vereinigten Staaten von Amerika verloren haben.

Falls ihr das auch so empfindet wie ich möchte ich Euch vorschlagen, dass wir uns dagegen wehren.

Wie?

Das erscheint mir einfach. Wir sollten ab sofort nichts mehr kaufen, was industriell hergestellt wird. Mein Gedankengang ist leicht zu verstehen. Anders als zum Beispiel eine Möbelfabrik können hunderttausend Schreiner nicht gekauft werden. Wenn wir also alle unsere Tische und Stühle wieder beim Schreiner machen lassen, unsere Hemden beim Schneider und unsere Schuhe beim Schuster, dann gibt es bald nichts mehr, was sich für die Chinesen zu kaufen lohnt.

Außerdem scheint es mir nicht nur vernünftig, sondern geradezu notwendig, dass wir alle künftig wieder etwas weniger arbeiten und nicht mehr ganz so erfindungsreich sind. Wir können die Zeit, die wir dann wieder haben ja darauf verwenden unser Land schöner zu machen, Bücher zu lesen, Konzerte zu hören, Museen zu besuchen oder einfach auch nur, um mit unseren Kindern und Enkeln im Wald spazieren oder auf den Spielplatz zu gehen.

Ich schlage Euch damit also vor unser Deutschland so unappetitlich, wie nur irgendwie möglich für jemand zu machen, der es aufkaufen und sich einverleiben will.

Mir wäre daran gelegen es wieder zu dem Land zu machen, das es vor Infektion mit dem Militärwahn vor über hundert Jahren ja schon einmal war. Das Land der Dichter und Denker, das Land Schillers und Goethes, das Land des Wintermärchens und das Land für einen Sommernachtstraum.

Dafür brauchen wir eine Wirtschaft, die sich nicht kaufen lässt. Mir scheint, das ist merkwürdigerweise auch eine Wirtschaft, die uns allen obendrein noch ein besseres Leben verspricht.

Bleibt mir zum Abschluss nur noch mich bei Euch allen dafür zu entschuldigen, dass ich nicht schon viel früher darüber nachgedacht habe, was ich unter dem Begriff „Heimat" verstehen will und mich bei unserem designierten Wirtschaftsminister zu bedanken, dass er mich mit der Nase auf diese Frage gestoßen hat."

In den folgenden Monaten musste China eine seiner Investitionen in unser Land nach der anderen als wertlos abschreiben. Genauso, wie für die Vereinigten Staaten von Amerika Deutschland schließlich und nach so vielen Jahren doch noch als Totalverlust zu verbuchen war. Deutschland ist in den Jahren danach zu einem ruhigen, beschaulichen Land geworden. Einem nahezu vollkommenen Land, das von niemandem mehr beachtet wird und in dem wieder Apfelbäume neben den schmalen Landstraßen stehen. Einem Land, in dem die Menschen leben und das deshalb keine Gelegenheit mehr bietet für klassische Investition.

Seit einiger Zeit allerdings schaut der Rest der Welt wieder zunehmend auf Deutschland. Während anderswo das Wasser knapp wird und der Konsum von Antidepressiva ein nie vorher da gewesenes Niveau erreicht, geht diese Entwicklung völlig an den Deutschen vorbei.

.

Der Brief des Willy Meyer an die Regierung

Sehr geehrte Regierung,

wie Ihnen nach dem vom Volk erteilten Auftrag bekannt sein sollte, haben wir schwerwiegende Probleme auf unserer Erde. Wir verbrauchen zu viele Rohstoffe und viel zu viel Energie. Trotzdem geht es nur einem Teil der Menschheit vermeintlich gut; der andere, weitaus größere Teil dagegen ist arm. Den Menschen unseres Landes, des Landes das Sie regieren also, geht es gut. Wir haben den weltweiten Wettbewerb um die Verteilung des Wohlstandes für uns entschieden. Für den Moment jedenfalls. Ich befürchte allerdings, dass dieser Erfolg nur noch von vergleichsweise kurzer Dauer sein kann und wird, weil

1) unsere kleine Erde es nicht hergeben würde, wenn alle Menschen auf ihr so leben, wie die Menschen in unserem Land.

2) ja alle Menschen danach streben so zu leben, wie wir hier und es auch keinen Grund für sie gibt einzusehen, weshalb sie sich mit weniger zufriedengeben sollten. Ihr Standpunkt ist zwar falsch aber dennoch verständlich: Das Auto und der Kühlschrank die dem einen recht sind, sind dem anderen schließlich billig.

3) dieser Konflikt um die Verteilung des Wohlstandes immer wieder in Kriegen endet, wie uns die Geschichte lehrt. Die Einen wollen nicht hergeben, was die Anderen so gerne auch

haben möchten. Dass Kriege keinem von beiden gut tun wird dabei gern übersehen.

Ich komme nach eingehender Überlegung zur Auffassung, dass es zur endgültigen und tragfähigen Lösung dieses Problems nur eine Möglichkeit gibt:

Wir Menschen müssen künftig alle gemeinsam danach streben, dass jeder von uns ein glückliches und zufriedenes Leben führen kann. Wir müssen es uns alle zusammen schön machen in unserer Welt. Das setzt natürlich voraus, dass wir aufhören unsere Erde auszuplündern und zu verwüsten. Dem stehen Nationalstaaten als Verkörperung auch der unterschiedlichen Interessen verschiedener Völker ganz eindeutig im Weg.

Mit anderen Worten:

In Anbetracht unserer globalen Probleme erscheinen mir Nationalstaaten nicht nur als ein überholtes und veraltetes, sondern sogar als ein schädliches Konzept.

Ich möchte Sie deshalb bitten zeitnah und mit Nachdruck auf eine Weltregierung hinzuwirken und sich nach deren Bildung sofort und ersatzlos aufzulösen.

Weiterhin möchte ich Sie bitten ein sichtbares Zeichen dafür zu setzen, dass unser Land nicht mehr länger bereit ist auf Kosten anderer Länder oder künftiger Generationen zu leben. Das augenblickliche Abschalten von Kohle- und Kernkraftwerken und die Abschaffung des Individualverkehrs scheinen mir geeignete Möglichkeiten dafür zu sein.

Ich bin der festen Überzeugung, dass Sie zu gescheit sind, um diesen Brief einfach zu den Akten zu legen; immer vorausgesetzt natürlich, er erreicht Sie überhaupt.

Es grüßt Sie freundlichst

Gez. Willy Meyer

Der Vorsitzende und das Eichhörnchen

Sing-Sang war siebzig Jahre alt, Vorsitzender des Zentralkomitees, sehr intelligent und sehr müde. Er saß am Schreibtisch seines Büros in Peking. Über der Stadt lag die Nacht und vor ihm ein Stapel Akten. Die vergangenen Jahre hatten China immer wieder gezwungen in die Weltgeschichte einzugreifen. Das war ihm genauso zuwider gewesen, wie dem chinesischen Volk. Es waren die Truppen seines Landes gewesen, die dem Großen Krieg ein Ende bereitet hatten. Ein Krieg, von dem niemand je gewusst hätte, worum er eigentlich geführt worden war. Jetzt wurde nicht mehr gekämpft aber zum Frieden hatten die Menschen deswegen trotzdem noch nicht gefunden. Die Welt war immer noch voller Wirren und Streit. Sing-Sang schob den Aktenstapel ungelesen zur Seite, stand auf und ging nach Hause.

Am nächsten Morgen begab er sich, zur Überraschung seiner Umgebung, auf die Reise in ein abgelegenes Kloster, hoch droben in den Bergen im Norden des Landes, um Ruhe zu finden und eine Antwort auf die Frage, die ihn umtrieb.

Einige Tage nach seiner Ankunft dort saß er morgens im Garten des Klosters, auf einer steinernen Bank, unter einem mächtigen, alten Baum. In einiger Entfernung arbeiteten Mönche an den Beeten. Ein Eichhörnchen lief flink den Stamm des Baumes hinab und saß mit einem Satz neben ihm.

„Guten Morgen" grüßte ihn das Eichhörnchen freundlich und er erschrak ein wenig darüber, weil auch in China sprechende Eichhörnchen eher selten sind.

„Du siehst bedrückt aus.",

fuhr das Eichhörnchen fort, noch ehe er seine Fassung wieder gefunden hatte.

„Kann ich Dir vielleicht helfen?"

„Guten Morgen ...... nein, ich glaube nicht.",

antwortete Sing-Sang, ein wenig unsicher, fügte dann aber, weil das Eichhörnchen ihm unverwandt in die Augen schaute, doch noch hinzu:

„Ich suche nach einer Antwort auf die Frage, weshalb wir Menschen nicht zum Frieden finden."

Das Eichhörnchen putzte sich mit der Pfote das Fell und antwortete, ohne damit aufzuhören:

„Keine sonderlich schwierige Frage für ein Eichhörnchen!"

„Ist sie nicht?"

„Nein! Es ist keine schwierige Frage! Ihr Menschen macht sie nur dazu, weil ihr die Antwort darauf nicht hören und schon gar nicht wahrhaben wollt"

Das Eichhörnchen sah possierlich aus, wie so da saß. Es putzte sich immer noch und Sing-Sang hatte den Eindruck, als ob es lächelte.

„Ich würde die Antwort gerne hören.", sagte Sing-Sang.

„Nun gut …", sagte das Eichhörnchen. „Der Grund, weshalb ihr Menschen nicht zum Frieden findet, sind die drei Irrtümer, denen ihr nicht nur unterliegt, sondern die ihr so überaus beharrlich pflegt."

„Die da wären?"

„Erstens seid ihr davon überzeugt, dass es immer besser ist, mehr zu haben als weniger. Ihr erspart Euch damit das Nachdenken über das rechte Maß. Wir Eichhörnchen machen das. Wir nehmen uns nie mehr, als gut ist für uns oder unsere Welt. Zweitens denkt ihr, dass es auf unserer Erde nicht genug von allem gibt, damit ihr glücklich und zufrieden leben könnt. Das macht Euch Angst und mit Angst hat noch nie jemand in Frieden gelebt. Wir Eichhörnchen kennen diese Angst nicht; wir wissen ganz genau, dass das, was die Erde uns schenkt, zum Leben reicht. Drittens und letztens denkt ihr, dass ihr um das, was ihr haben möchtet, kämpfen müsst und das ist besonders dumm. Weißt Du, wir Eichhörnchen hätten auch keinen Frieden, wenn wir uns ständig gegenseitig die Nüsse wegnehmen würden."

Das Eichhörnchen schaute Sing-Sang wieder geradewegs in die Augen und fing an mit der größten Sorgfalt seine Barthaare zu ordnen. Sing-Sang schloss daraus, dass es nichts Weiteres mehr sagen würde. Einen Augenblick lang war er versucht zu erwidern, dass Menschen aber keine Eichhörnchen sind, dass sie mehr zum Leben brauchten und dass es deshalb nicht so einfach sei. Bevor er aber etwas sagen konnte, blieb sein Blick auf den

Mönchen hängen, die in einiger Entfernung im Garten des Klosters arbeiteten. Das kleine Stückchen Erde versorgte sie mit allem, was sie brauchten und obwohl auch Mönche manchmal Meinungsverschiedenheiten haben, gestritten oder gekämpft hatten sie deswegen nie. Er sah dem Eichhörnchen wieder in die Augen. Es nickte leise, als ob es seine Gedanken gelesen hätte.

„Danke"

Das Eichhörnchen machte einen Satz und verschwand in der Krone des Baumes.

Sing-Sang blieb noch ein paar Tage. Er genoss die Luft, die Berge, die Sonne und die Ruhe des Klosters, bevor er sich wieder auf den Weg zurück nach Peking machte. Dort hat er niemandem jemals von seiner Unterhaltung mit dem Eichhörnchen erzählt. Es war auch so schon schwierig genug den Menschen zu erklären, was sie nicht hören wollten.

Herr Karl und sein Fernseher

Herr Karl lebte alleine in einer Wohnung unter dem Dach eines Mietshauses inmitten einer großen Stadt. Es war eine kleine Wohnung mit nur einem Zimmer, einer winzigen Küche und einem noch winzigeren Bad. Herr Karl hatte seit einiger Zeit keine Arbeit mehr. So wurde das früher genannt und das zu erklären ist nicht ganz einfach. Denn es bedeutete nicht, dass es keine Arbeit für ihn gegeben hätte, sondern nur, dass niemand mehr bereit war, ihm Lohn für das zu bezahlen, was er hätte tun können. Der Zustand, in dem Herr Karl lebte, wurde also nicht wegen der Arbeit, sondern nur der Einfachheit halber Arbeitslosigkeit genannt. Damit Herr Karl nicht verhungern musste, bekam er von einer Behörde ein wenig Geld. Nicht viel aber doch genug, damit er sich etwas zu essen kaufen, die Miete, die Stromrechnung und die Fernsehgebühren bezahlen konnte. Ab und zu reichte ihm das Geld auch aus, um eine Schachtel Zigaretten zu kaufen und eine oder zwei Flaschen Bier.

Die Wohnung in der Herr Karl lebte war nicht sehr sauber und sonderlich ordentlich war sie auch nicht.

Die Frau, mit der er früher einmal verheiratet gewesen war, lebte jetzt mit einem anderen Mann in einer anderen Stadt. Der andere Mann hatte noch Arbeit und ein Auto und ein kleines Haus. Herr Karl hatte auch Kinder, aber sie besuchten ihn nie. Es hätte die Vorstellung, die sie von ihrem Vater haben wollten, zu sehr gestört. Er hatte auch keine Freunde und insoweit, alles zusammengenommen, sah er wenig Anlass zu putzen, denn außer ihm selbst hätte sowieso niemand anders seine Wohnung gesehen. Seine Tage waren eintönig und trostlos. Jeden Morgen stand er auf und putzte sich die Zähne. Manchmal duschte er sich und manchmal zog er sich auch an. Danach setzte er sich vor den Fernseher. Der Fernseher war ihm sozusagen alles gleichzeitig: Frau, Kinder, Familie und Freund.

Mit ihm verbrachte er dann seinen Tag.

Am Abend putzte er sich wieder die Zähne und ging zu Bett. Wenn es sein musste, was der Fall war, wenn er sich morgens angezogen hatte, dann zog er sich vorher aus. Er verließ das Haus nur selten und ungern und nur um Einkäufe zu machen. Er war jedes Mal froh, wenn er sich danach dann in Gesellschaft und der Sicherheit seines Fernsehers wiederfand.

Eines Morgens versuchte die Sonne wieder einmal ganz besonders strahlend durch die Scheiben des Fensters in sein Zimmer zu scheinen. Dass es nur vereinzelten Strahlen gelang machte ihn nachdenklich. Nach einer Weile Kampfes mit sich gab die träge Seite Herrn Karls auf.

Der Fernseher wanderte in einen großen Karton und der, zusammen mit dem Rest seiner Habseligkeiten, unter ein Dach aus altem Zeitungspapier. Danach kaufte er Scheuerpulver und Schmierseife, zwei Pinsel unterschiedlicher Größe, Farbe, Schleifpapier, einen neuen Putzlappen und einen Schwamm.

Er putzte, wischte, scheuerte, schliff, polierte, strich und lackierte viele Tage lang. Jedes Mal, wenn er dachte er sei fertig, dann lachte ihn eine neue Arbeit an. Ohne den Stapel schmutziger Wäsche brauchte der Boden des Kleiderschrankes einen neuen Anstrich und der Kühlschrank ohne vergammeltes Gemüse Desinfektion. Ein loses Brett im Fußboden verlangte nach Schrauben und alle nach frischem Wachs. Er lackierte die schäbigen Türen, ölte ächzende Scharniere, spendierte dem tropfenden Wasserhahn eine neue Dichtung und brachte die gurgelnde Klospülung in Ordnung.

Jeden Abend legte Herr Karl sich ein klein wenig zufriedener in sein Bett als am Vortag, obwohl seine Wohnung so viel Sendezeit in Anspruch nahm. Als er endlich fertig war, holte er seine Sachen unter dem Zeitungspapier hervor und stellte sie wieder an ihren Platz.

Am Ende packte er den Fernseher aus.

Er setzte sich auf den Sessel gegenüber, genauso, wie es seinen Gewohnheiten entsprach, schaltete den Fernseher aber nicht an. Er sah auf den grauen, toten Bildschirm. Dann sah er um sich herum. Wieder starrte er eine ganze Weile auf den Bildschirm, auf dem er sein Spiegelbild, im Sessel sitzend, sah. Er sah sich nochmals in seiner Wohnung um und ein letztes Mal auf den Bildschirm. Schließlich stand er auf, packte den Fernseher wieder in den Karton und brachte ihn hinunter in sein Kellerabteil.

Von diesem Tag an hat Herr Karl zwar immer noch unter dem Dach eines Mietshauses inmitten einer großen Stadt, aber in einer ordentlichen, sauberen Wohnung gelebt. Seine Kinder haben ihn wieder besucht, obwohl ihm sein Apfelkuchen nur selten gelungen ist. Er hat mit seinen Enkeln draußen im Wald Holz für den kleinen Ofen gesammelt und Schwarzbeeren für den Nachtisch gepflückt. Gelegentlich hat Herr Karl seine Geschichte auch erzählt, lachend, den Nachbarn oder anderen Spaziergängern im Park.

Ein paar Jahre später hat dann auch der letzte Fernsehsender geschlossen. Herr Karl hat das aber nicht bemerkt. Freunde habe es ihm viel später erzählt.

Vater unser und Mutter Erde essen zu Abend

Mutter Erde war schon eine ganze Weile lang unzufrieden. Weil sie wusste, dass der alte Mann gutes Essen und ein ordentliches Glas Wein sehr schätzte, entschloss sie sich ihn wieder einmal zum Abendessen einzuladen. Sie wollte in Ruhe mit ihm reden, was bei einem so viel beschäftigten Mann wie dem Vater unser gar nicht so einfach ist.

So kam es, dass die beiden sich wenig später an einem ebenso festlich, wie reichlich gedeckten Tisch gegenübersaßen. Mutter Erde hatte Braten gemacht, mit Klößen und Gemüse und einer dicken, braunen Soße dazu. Sie wusste, was ihm schmeckte. Sie unterhielten sich über dies und das und der Vater unser schob sich gerade ein reichliches Stück Braten in den Mund, zwischen zwei Sätzen, wie man so sagt. Das beeinträchtigte seine Fähigkeit zu reden, für den Augenblick jedenfalls, ganz entschieden.

„Eine gute Gelegenheit!",

dachte sich Mutter Erde und kam schnurstracks auf den Punkt:

„Weißt Du, lieber Vater unser, ich bin schon seit einiger Zeit ziemlich unglücklich mit der Entwicklung, die die Menschheit nimmt.

Um es ganz unverblümt zu sagen:

Ich finde, dass es so nicht weitergehen kann!"

Obwohl der Vater unser sehr genau wusste, wovon Mutter Erde sprach, zog er fragend die Augenbrauen hoch und sich selbst damit hinter seinen vollen Mund zurück.

Mutter Erde nahm das nicht nur als sein Einverständnis, sondern geradezu eine Aufforderung weiterzureden und ihrem Unmut Ausdruck zu verleihen.

„Schau", sagte sie, „zum Ersten sind es halt einfach mittlerweile so viele. Vielleicht ...", sie zwinkerte dabei ein wenig mit ihren Augen, „ ... hättest Du ihre Fortpflanzung nicht ganz so vergnüglich konzipieren sollen. Tatsache ist jedenfalls: Es sind heute fast zwanzig Mal so viele, wie noch vor tausend Jahren. Ich hab also jetzt wirklich meine Mühe damit, sie alle satt zu bekommen. Außerdem, wirklich sauber sind sie ja nicht. Sie haben mein Wasser jetzt schon ziemlich verdreckt."

Vater unser schob sich ein weiteres Stück Braten in den Mund. Es schmeckte ihm sehr, denn Mutter Erde war eine ganz ausgezeichnete Köchin. Er fand es aber auch praktisch einen vollen Mund zu haben; zu antworten erschien ihm im Moment noch nicht angebracht. Die meisten Männer kennen dieses Verhalten ja und haben es von ihm. Diskussionen mit einer Frau geht man tunlichst aus dem Weg.

Mutter Erde machte davon natürlich Gebrauch:

„Deine Ebenbilder benehmen sich überhaupt ziemlich rücksichtslos. Sie bohren und graben und schürfen in mir herum, bauen ab, wie sie das nennen, was sie haben möchten oder was sie glauben zu brauchen, um den vielen Unsinn zu bauen, der sie vom Leben ablenkt. Gold, Erdöl, Uran, Kupfer, Blei und was weiß ich noch alles. Mir tun die vielen Verletzungen jedenfalls weh und der Abbau stört mein Gleichgewicht. Von den Narben in meinem Gesicht gar nicht zu reden."

Bei diesen Worten hob sie die Kinnspitze ein wenig, drehte den Kopf zur Seite und schürzte die Lippen.

„Schließlich bin ja nicht nur Mutter Erde, sondern auch eine Frau!

Außerdem vergiften sie mich ganz langsam mit ihrem Müll und ihrer Chemie und, als ob das alles noch nicht reichen würde, heizen sie mich jetzt auch noch auf. Ich komme aus dem Schwitzen schon gar nicht mehr raus.

Und es trifft ja nicht nur mich:

All Deine anderen Kinder, die auf mir leben, leiden unter ihnen genauso wie ich. Haifische, Eichen, Kartoffelkäfer, Gras, Spatzen. Alle! Ausnahmslos!"

Vater unser dachte, dass es jetzt wohl nicht mehr zu vermeiden sei etwas zu sagen und spülte, sehr genussvoll, die Reste des letzten Bissens Braten mit einem großen Schluck Rotwein hinunter.

„Was schlägst Du denn vor Mutter Erde?

Ich meine mich zu erinnern .... naja .... ertränkt habe ich sie doch schon einmal!

Und das hat doch genauso wenig genützt wie die vielen

Warnungen, die Du ihnen immer wieder zukommen lässt. Erdbeben, Flutwellen und Stürme und das ganze Zeug.

Sie verstehen es nicht!

Nicht etwa weil sie dumm wären, sondern weil sie es einfach nicht verstehen wollen. Außerdem sehen wir den Tatsachen doch ins Auge:

Auch mit mir haben sie fast nichts mehr am Hut!"

Mutter Erde antwortet, nach einem Augenblick Nachdenkens:

„Ja, das ist wohl so, da hast Du recht!

Weißt Du, wenn es nur um sie ginge, dann bräuchten wir ja nur abzuwarten. Früher oder später machen sie sich ganz von selber den Garaus. Es geht aber nicht nur um sie, sondern auch um den Rest deiner Schöpfung und am Ende wohl um mich selbst auch. Offen gestanden: Ich weiß Dir keinen Rat zu geben. Sie sind dein Problem.

Was ich noch für dich tun kann, ist dir ein Stück Apfelkuchen zum Nachtisch zu bringen und eine Tasse Kaffee. Möchtest Du?"

Er sah ihr in die Augen und nickte dankbar.

Nachdem er seinen Apfelkuchen gegessen hatte und einer kurzen Unterhaltung über unverfänglichere Themen bedankte der Vater unser sich bei der Mutter Erde für das gute Essen und den schönen Abend und ging nach Hause. Er war sehr müde und er dachte zum ersten Mal darüber nach, ob es für ihn nicht an der Zeit sei, sich zur Ruhe zu setzen und in das Universum seiner Schwester umzuziehen. Als er zuhause ankam, hatte er es sich allerdings anders überlegt.

Neun Monate, zwei Wochen und drei Tage später schloss Helga Müller schweren Herzens und endgültig die Wochenstation zu, in der sie seit vielen Jahren gearbeitet hatte. Seit zwei Wochen war kein Kind mehr geboren worden und so wie es aussah würde auf absehbare Zeit auch keines mehr geboren werden

Einhundertsechs Jahre, vier Monate und sechzehn Tage später starb Ilia Rogoff, ein kaukasischer Jäger und Kräutersammler, trotz des vielen Knoblauchs, den er sein Leben lang gegessen hatte und mit ihm die Menschheit aus.

Zweihundertachtunddreißig Jahre und eine Woche danach, der Vater unser und die Mutter Erde saßen wieder einmal zusammen beim Abendessen, brach der nordöstliche Fuß des Eiffelturms unter seiner Last ein. Der Turm selbst stürzte quer über die Seine; das Treibgut, das sich in ihm fing, führte zu dem See, in dem schließlich, neben vielem anderen worauf die Menschen einmal sehr stolz gewesen waren, auch der Louvre und Notre Dame ertranken.

Der Aufsatz des Schülers Peter Fröhlich

Wenn zehn Prozent der Menschen von allem zu viel, und neunzig Prozent kaum das Notwendigste zum Überleben haben, dann ist Krieg kaum zu vermeiden. Er verspricht Belebung der Wirtschaft, von der die zehn Prozent ihren Wohlstand und Reichtum beziehen und er bietet die Aussicht auf Zerstörung dessen, worin die neunzig Prozent keine Zukunft für sich sehen. Also haben alle die erste, sich bietende Gelegenheit genutzt, um sich wieder einmal gegenseitig umzubringen. Je nach Geschichtsschreiber wurden diesem Krieg dann unterschiedliche Namen gegeben. Nur in einem Punkt waren sich alle einig. Schuld waren immer die Anderen. Die meisten von uns nennen ihn heute den Dritten Weltkrieg, der er in der Tat wohl auch war.

Nach etlichen Jahren haben die Menschen aber dann doch eingesehen, was eigentlich vom ersten Augenblick an offenkundig war. Schutt und Asche haben keinen Mehrwert und Tote keine Aussicht auf Zukunft mehr.

Also haben die Menschen dem grausigen Spiel ein Ende gemacht. Für viele kam dieses Ende zwar zu spät, aber ein paar waren ja noch übrig und die haben sich dann über den Frieden gefreut. Die haben sich dann auch viel Mühe gegeben, dass das Gleiche nicht noch einmal passiert.

Das Ergebnis dieser Bemühungen war dann schließlich der eine Staat der Welt, so wie wir ihn seit Generationen kennen. Das war damals eine schwierige Aufgabe, an deren Lösung vor allem den Regierungen der Nationalstaaten nicht gelegen war. Wahrscheinlich hatten sie sich schon viel zu sehr an ihre Macht und an die hohen Gehälter für ihre sinnlose Arbeit gewöhnt.

Schließlich haben die Menschen, die einfach keine Kriege mehr wollten, sie aber dann doch noch abgeschafft.

Im Gegensatz zu früher kämpfen wir Menschen jetzt nicht mehr gegeneinander, sondern streben alle miteinander nach Wohlstand und Glück. Für jeden von uns. Das ist nicht ganz einfach, aber es funktioniert. Für meine Generation ist es halt ärgerlich, wie viel Arbeit immer noch gemacht werden muss, die wir uns hätten sparen können.

Die Verwertung der Millionen von Autos, die immer noch auf den Schrottplätzen liegen beschäftigt wahrscheinlich noch meine Urenkel und weshalb die vielen Autobahnen überhaupt jemals gebaut wurden, die wir seit Jahrzehnten abbrechen müssen, werde ich nie verstehen.

Manchmal bin ich deswegen auf die Vorkriegsgenerationen nicht sonderlich gut zu sprechen, ja sogar ziemlich böse auf sie. Sie haben uns schließlich ein ziemliche Unordnung hinterlassen und außerdem gedankenlos viel zu viel von dem verbraucht, was unsere Erde zu bieten hat. Dabei hatten sie noch nicht einmal ein schönes Leben.

Ich bin aber nicht nur böse auf sie. Manchmal bin ich ihnen auch dankbar. Denn ohne die vielen Fehler, die sie gemacht haben, wüssten wir wohl auch heute noch nicht, wie es richtig geht.

Jack der Museumswärter

Jack war Wärter eines Museums in einer Kleinstadt in den Vereinigten Staaten von Amerika. Es war ein kleines Museum, in dem die Besucher sich alles Mögliche aus der Geschichte des Landes ansehen konnten. Wie das typische Wohnzimmer einer amerikanischen Familie vor hundert Jahren ausgesehen hatte zum Beispiel oder den Baseballhandschuh eines berühmten Baseballspielers. Das Museum wurde von den Menschen der Kleinstadt besucht, von solchen, die in deren Umgebung wohnten und manchmal auch von ein paar Schulklassen aus den Nachbarorten.

Als Jack eines Freitagabends von der Arbeit nach Hause kam, lag ein Brief auf dem Küchenbord und in dem stand, dass er vorläufig nicht mehr arbeiten könne, weil die Vereinigten Staaten von Amerika kein Geld mehr hätten, um seinen Lohn zu bezahlen. Jacks Frau war schrecklich aufgebracht wegen des Briefes, böse sogar. Sie weinte und schrie Jack an, dass sie verhungern würden oder erfrieren und dass sie ohne Strom nicht kochen könne.

Jack nahm das für den Augenblick nicht so ernst, weil sie ohnehin nur selten kochte und weil es ein Freitag im Hochsommer war. Es war heiß und er schwitze und deshalb mache er sich wegen des Erfrierens keine Sorgen. Er sagte seiner Frau, dass sie ihn jetzt bitte in Ruhe lassen solle, weil er nachdenken müsse. Er setzte sich auf der Terrasse in seinen Lieblingsstuhl, trank Kaffee in kleinen Schlucken aus einer Lieblingstasse und dachte nach.

Das fiel ihm nicht leicht. Erstens, weil Jack nicht sonderlich gescheit war und zweitens, weil Museumswärter nicht viel denken müssen, weshalb er ein wenig aus der Übung damit war. Trotz allem Nachdenkens fand er aber keine Antwort auf die Frage, weshalb er nicht arbeiten sollte, nur weil die Vereinigen Staaten von Amerika kein Geld mehr hatten. Am folgenden Montag ging er zur Arbeit wie immer und schloss die Türen des Museums auf. Das Fräulein, das sonst an der Kasse arbeitete, war nicht gekommen und so schrieb er ein Schild und stellte es in das Fenster des Kassenschalters. Auf dem Schild stand:

"Wir können Ihnen heute leider keine Eintrittskarten verkaufen, weil die Vereinigen Staaten von Amerika kein Geld haben, um den Lohn des Fräuleins an der Kasse zu bezahlen. Sie bezahlen also heute nichts für Ihren Besuch.

Jack, der Museumswärter"

Zwei Stunden später kam der Bürgermeister der kleinen Stadt. Ein Mann von fünfzig Jahren, dem ein Lebensmittelgeschäft gehörte und eine Tankstelle, und der sich immer sehr wichtig nahm. Er erklärte Jack, dass das so nicht ginge und dass Jack das Museum augenblicklich wieder zuschließen müsse. Jack aber hatte nachgedacht und war anderer Auffassung. Er schloss das Museum also nicht.

Weitere zwei Stunden später kam dann der Gouverneur

des Staates, in dem die Kleinstadt lag. Ein Mann von sechzig Jahren, mit einem dicken Bauch, der sich ungeheuer wichtig nahm und dem eine Menge Unternehmen im ganzen Land gehörten. Er erklärte Jack, dass das so nicht ginge und dass er das Museum augenblicklich wieder zuschließen müsse, weil er ihn sonst ins Gefängnis werfen lassen würde. Jack aber hatte nachgedacht und er hatte auch keine Angst davor eingesperrt zu werden. Es ist schließlich nicht verboten der ehrlichen Arbeit eines Museumswärters nachzugehen. Er schloss das Museum also auch diesmal nicht.

Wieder zwei Stunden später kam ein General der Armee mit seinen Soldaten. Das war ein kleiner, dicker Mann von dreiundfünfzig Jahren mit vielen bunten Orden auf der Brust. Er befahl Jack das Museum augenblicklich zu schließen, weil Generäle nicht sonderlich gut darin sind, etwas zu erklären. Er sagte Jack auch, dass die Soldaten der Vereinigten Staaten von Amerika ihn totschießen würden, wenn er nicht gehorche. Ein General kennt halt nur das Totschießen als Lösung für ein Problem.

Jack aber hatte nachgedacht und er glaubte auch nicht, dass die Soldaten seines eigenen Landes ihn totschießen dürfen, nur weil er den Schulkindern den Baseballhandschuh des berühmten Baseballspielers sehen ließ. Ganz sicher war er sich dessen aber nicht und so fühlte er sich zwar nicht wohl in seiner Haut, aber er schloss das Museum trotzdem wieder nicht.

Schließlich landete der Präsident der Vereinigten Staaten

von Amerika mit seinem Hubschrauber. Der Präsident war ein kluger Mann. Ihm gehörten weder Läden noch Tankstellen und auch keine Unternehmen und er nahm sich auch nicht so wichtig. Obwohl das für den Präsident der Vereinigten Staaten von Amerika nicht einfach ist. Nachdem er Jack die Hand geschüttelt und ihm freundlich einen guten Tag gewünscht hatte, fragte er, weshalb Jack denn das Museum nicht abschließen wolle.

Jack antwortete:

„Weil es dann zugeschlossen wäre, Herr Präsident, und weil das bedeutet, dass die Schulkinder den Baseballhandschuh des berühmten Baseballspielers nicht sehen können."

„Naja … und wohl auch ein wenig, weil ich meine Arbeit liebe", fügte er nach einem Augenblick hinzu.

Der Präsident war ein wenig überrascht und fragte:

„Aber wir haben Dir doch geschrieben, dass wir im Moment kein Geld haben, um Dich für Deine Arbeit zu bezahlen, oder?"

„Ja, schon Herr Präsident. Das hat aber doch nichts damit zu tun, dass die Schulkinder den Baseballhandschuh des berühmten Baseballspielers sehen wollen und damit, dass ich meine Arbeit liebe auch nicht."

Der Präsident schwieg. Er hätte Jack jetzt sagen können, dass es aber so nicht ginge, weil Gesetze und Vorschriften dagegen stehen. Er sagte es aber nicht, weil er fühlte, dass all die Gesetze und Vorschriften nicht sonderlich gut sein können, wenn sie dazu führen, dass Schulkinder den Baseballhandschuh des berühmten Baseballspielers nicht sehen können. Der Präsident überlegte einen Augenblick, sah Jack geradewegs in die Augen, lächelte ihn freundlich an und sagte.

„Vielen Dank, lieber Jack. Du hast mir sehr geholfen. Auf Wiedersehen."

Er drehte sich um und ging zurück zu seinem Hubschrauber. Es war, wegen seiner dunklen Hautfarbe, kaum zu sehen, dass er vor lauter Scham rot geworden war in seinem Gesicht. Er stieg in seinen Hubschrauber und flog zurück in sein großes, weißes Haus.

Jack ging wieder an die Arbeit. Es hat dann zwar noch ein wenig gedauert, aber schließlich wurde den Menschen in der kleinen Stadt doch noch klar, dass sie das kleine Museum haben wollten, dass es ein Teil ihres Lebens war. Sie haben dann nach einer Lösung gesucht, damit Jack nicht erfrieren und verhungern muss, und haben die schließlich auch gefunden. Jacks Frau hat deswegen aber trotzdem nicht öfter gekocht.

Der Präsident hat nach seiner Rückkehr zuerst einmal seinen Hubschrauber verkauft. Es war ihm sehr peinlich, dass sein Land, die Vereinigten Staaten von Amerika, Jack keinen Lohn mehr bezahlen konnte, während er mit einem Helikopter herumflog. Danach hat er sich dann an die Arbeit gemacht, um all die schlechten Gesetze und Verordnungen abzuschaffen, die sich im Lauf der Zeit so angesammelt hatten. Das war viel mehr Arbeit, als er das anfangs gedacht hatte und so sitzt er seitdem, Tag für Tag, an seinem Schreibtisch und arbeitet bis tief in die Nacht.

Der Minister und seine Putzfrau

Hubert Bollinger-Dallfort war Minister in Deutschland. Das Land ist aber nicht so wichtig, denn es gibt Minister des gleichen Typs in vielen Ländern der Erde. Hubert Bollinger-Dallfort fühlte sich verantwortlich für die Wirtschaft des Landes; so etwas Ähnliches sagte jedenfalls das Schild an der Türe seines Büros.

Das war eine große, eine gewaltige Aufgabe, weshalb er schrecklich viel arbeiten musste. Er musste so viel arbeiten, dass er nicht mehr frühstücken konnte, sondern arbeitsfrühstücken musste. Er konnte eigentlich überhaupt nicht mehr essen, sondern musste immer arbeitsessen. Außerdem konnte er nicht mehr mit der Trambahn in sein Büro fahren und musste ständig mit dem Hubschrauber von einer Sitzung zur anderen fliegen. Die Trambahn wäre nicht schnell genug gewesen. Im Hubschrauber musste er dann Akten lesen; so viele und so schwere, dass jemand sie in einem Koffer hinter ihm hertragen musste. Was dann zur Wiederbelebung eines Berufes geführt hat, der fast völlig verschwunden war; dem des gemeinen Kofferträgers. Weil Hubert Bollinger-Dallfort so eine schwere Aufgabe hatte, so viel arbeiten, so oft im Hubschrauber herumfliegen und in den Pausen der vielen Konferenzen ständig geräucherten Lachs essen musste, bekam er viel Geld für seine Arbeit. Viel mehr, als andere Menschen, denn anders als normale Menschen brauchte er ja keine Sorgen wegen der Bezahlung seiner Stromrechnung zu seiner Unterhaltung.

Hubert Bollinger-Dallfort hatte, wenn man einmal davon absieht, dass der viele Lachs seiner Verdauung nicht sonderlich bekam überhaupt nur eine Sorge und die bestand im Wachstum der Wirtschaft. Das beschäftigte ihn Tag und Nacht. Seine Wirtschaft brauchte Wachstum. Ständig, unablässig. Täglich, ja stündlich las er die Prognosen. Er redete über das Wirtschaftswachstum, er dachte darüber nach und manchmal träumte er nachts sogar davon. Alleine schon daran kann man gut erkennen, wie ernst er seine Aufgabe nahm.

Hubert Bollinger-Dallfort hatte ein schönes Haus; er wohnte aber, wegen all der Arbeit in der Hauptstadt, nur gelegentlich darin. Damit das Haus in Ordnung blieb, genug Kaffee im Küchen- und gebügelte Hemden im Kleiderschrank waren beschäftigte er eine Haushälterin. Er bezeichnete sie zwar als seine Putzfrau, weil er sich ein wenig dafür schämte, dass er sich eine Haushälterin leisten konnte, aber in der Tat war sie keine Putzfrau, sondern eben seine Haushälterin. Sie hieß Theresa.

Theresa arbeitete gerne für den Minister. Er war nicht oft zu Hause, sodass sich sein Kaffeeverbrauch in Grenzen hielt und sie auch nur selten Hemden zu bügeln brauchte. Theresa hatte also viel Zeit und die verbrachte sie gerne im Garten. Sie pflanzte dort außer Blumen auch Karotten, Salat, Petersilie, Radieschen und andere Pflanzen, die man essen kann. Das bereitete ihr Freude.

Eines Abends kam Hubert Bollinger-Dallfort doch wieder einmal nach Hause. Er machte ein sorgenschweres, langes Gesicht.

„Guten Abend Theresa.""Guten Abend Herr Minister.", antwortete Theresa, „Wie geht es Ihnen denn?"

„Sorgen, Theresa, ich habe Sorgen. Das Wirtschaftswachstum macht mir große Sorgen."

„Würde eine Tasse Tee Ihnen vielleicht gut tun?", fragte Theresa.

„Ja, Theresa, eine Tasse Tee scheint mir in der Tat eine ganz ausgezeichnete Idee."

Während Theresa den Wasserkessel aufsetzte und das Teesieb in die Tasse hängte, lehnte Hubert Bollinger-Dallfort sich entspannt mit dem Rücken gegen den Besenschrank.

„Darf ich Sie einmal etwas fragen, Herr Minister?"

„Natürlich Theresa."

„Sie werden mich nicht auslachen, weil es so eine dumme Frage ist?"

„Aber nein Theresa! Es gibt ja auch gar keine dummen Fragen, es gibt nur dumme Antworten.", antwortete Hubert Bollinger-Dallfort, ein ganz klein wenig gönnerhaft.

„Wissen Sie Herr Minister, die Karotten die wir im Garten haben wachsen am Anfang schnell und dann immer langsamer und schließlich hören sie ganz auf zu wachsen. Dann sind sie reif."

„Und?", fragte Hubert Bollinger-Dallfort mit einem leicht irritierten Unterton in der Stimme. Er ahnte schon, worauf Theresas Frage hinauslief

„Warum ist das bei der Wirtschaft anders?", schloss Theresa ihre Frage dann tatsächlich seiner Erwartung gemäß.

Hubert Bollinger-Dallfort atmete durch und setzte zur Antwort an. Er öffnete den Mund. Schloss ihn wieder. Öffnete ihn. Schloss ihn erneut. Jedes Mal, wenn er zur Antwort ansetzte, ging ihm sein eigener Satz durch den Kopf:

„Es gibt nur dumme Antworten."

Er öffnete und schloss den Mund noch eine ganze Weile, bis er endlich sagte:

„Ich weiß es nicht, Theresa"

Hubert Bollinger-Dallfort erhielt ein paar Jahre später den Friedensnobelpreis. Es war das erste Mal, dass er für die Bemühungen um den inneren Frieden der Menschen verliehen wurde. Außerdem erwarten die Menschen seitdem nicht mehr länger mehr von der Wirtschaft, als von Karotten, was zwar keine weltbewegende aber doch auch eine Errungenschaft ist. Hubert Bollinger-Dallfort hat weder den Ruhm, noch das Geld, das der Preis ihm gebracht hat, mit Theresa geteilt. Aus dem gleichen Grund, aus dem er früher der Minister und Theresa nur seine Haushälterin gewesen war.

Die Marktfrau Marie Foucault

Französische Marktfrauen stehen mit beiden Beinen sehr fest auf dem Boden. Sie kaufen ihre Waren morgens um fünf. Sie bezahlen dafür in bar und verkaufen innerhalb von Stunden nur gegen klingende Münze. Ihre Neigung zu tiefgründigen Gedanken ist folglich gering. Marie Foucault war seit Jahrzehnten eine typische Vertreterin dieses Standes. Sie hatte ihr ganzes Leben lang Obst und Gemüse auf Wochenmärkten in der Provinz verkauft. Jetzt war sie nicht nur klein und dick, sondern auch alt.

Der Mittwoch war der Markttag in einer kleinen Stadt an der Küste. Auf dem ausgetretenen Markplatz warben viele Händler um die Gunst der Kunden. Ein paar Sonnenstrahlen kämpften vergeblich gegen den eisigen Wind, der vom Atlantik her wehte. Die Luft schmeckte, wie immer, nach Salz. Um Marie Foucault herum gab es alles, was sich auf einem Wochenmarkt der französischen Provinz verkaufen lässt: Käse, Töpfe, Eier, Mäntel, Hühner, Messer, Brot. Unterhosen in allen Formen, Größen und Farben. Alles in buntem Gewirr.

Ihr gegenüber wurden Süßigkeiten verkauft. Schokolade, Bonbons in grellen Farben, Lakritze, Pfefferminz, Zuckerstangen und Lutscher. Gerade eben stand ein kleiner Junge vor dem Stand mit all den Köstlichkeiten; er wendete ihr den Rücken zu. Während sie in kleinen Schlucken ihren heißen Frühstückstee trank, zog er eine Münze aus der Tasche und legte sie vor dem Händler auf den

Tisch. Der schüttelte den Kopf. Für so kleine Münzen waren seine Süßigkeiten nicht zu haben, für solch kleine Münzen gab es bei ihm nichts. Marie Foucault hatte das gleiche Bild schon Dutzende von Malen gesehen. Auf anderen Märkten und mit anderen Jungs.

Ansonsten war es ein Tag wie jeder andere, bis sie am Abend in ihrer Küche saß.

Nachdem sie ihre Suppe gegessen hatte, und ein Stück Käse hinterer, schob sie sich, zum Abschluss ihres Abendessens, ein Stück Schokolade in den Mund. Im gleichen Augenblick, in dem die Schokolade auf ihrer Zunge zu schmelzen begann, kam ihr der kleine Junge vor dem Stand mit den Süßigkeiten wieder in den Sinn. Und dort blieb er dann; nichts schien ihn dazu bewegen zu können, wieder zu gehen.

Einige Tage später öffnete sie am Morgen ihren Stand. Anstatt der vielen Preisschilder, die sie sonst oben in die Körbe mit dem Obst und dem Gemüse steckte, stellte sie an diesem Tag nur ein einziges Schild auf den Tisch. Darauf stand:

> „Kaufen Sie, was Sie gerne hätten und bezahlen sie bitte dafür was sie bezahlen können. Wenn Sie kein Geld haben, dann bezahlen Sie nichts."

Neben das Schild stellte sie einen kleinen Korb für das Geld. Die ersten Besucher des Marktes lasen, was auf dem Schild stand. Einige fingen zu tuscheln an, andere lachten und wieder andere gingen einfach weg, als hätten sie das Schild gar nicht gesehen. Nach und nach kamen auch die Händler der anderen Stände und lasen das Schild. Die meisten von ihnen erklärten Marie Foucault einfach für verrückt. Einige sagten ihr, sie würde sich ruinieren, einer fuchtelte sogar mit seinen Fäusten vor ihrem Gesicht herum. Marie Foucault ließ sich von all dem nicht beirren.

Nach ein paar Stunden am Morgen, mit viel Aufhebens und wenig Geschäft, wurde es später mehr und mehr ein ganz normaler Tag. Marie Foucault wog Äpfel ab, wickelte Lauchstangen in altes Zeitungspapier und packte Karotten in Tüten. Von Zeit zu Zeit leerte sie das Geld aus dem Körbchen in die Tasche ihrer Schürze.

Am späten Nachmittag kam ein Mann in schäbigen Kleidern an ihren Stand. Er las das Schild einmal, ein zweites und noch ein drittes Mal. Es stand ihm ins Gesicht geschrieben, dass er nicht glaubte, was dort stand.

„Ich möchte gerne zwei Tomaten und eine Zwiebel", sagte er schließlich mit unsicherer Stimme, „ .... aber .... aber ich habe kein Geld."

„Wer kein Geld hat bezahlt nichts.", antwortete Marie Foucault, ein klein wenig unwirsch und mit einer Kopfbewegung auf das Schild.

Sie packte zwei Tomaten und eine Zwiebel in eine Tüte und legte noch einen Apfel obendrauf.

„Ein Apfel täglich macht den Doktor entbehrlich, wie die Engländer sagen."

Es schien fast so, als ob sie lächelte, als sie dem Mann die Tüte gab, aber sicher war er sich dessen nicht. Er nahm die Tüte, bedankte sich und ging davon.

Marie Foucault sah ihm nicht nur nach, sondern auch deutlich an, dass er sich zwingen musste zu gehen; er wäre wohl lieber davon gerannt.

Nach getaner Arbeit ging Marie Foucault nach Hause. Das Bündel der Geldscheine und das Gewicht der Münzen in ihrer Tasche sagten ihr, dass sie nicht weniger eingenommen hatte als sonst.

Marie Foucault hat bis zu letzten Tag ihres Lebens Obst und Gemüse auf Wochenmärkten in der französischen Provinz verkauft. Sie hat noch ein paar Mal ein neues Schild geschrieben, weil das alte verblichen und unleserlich geworden war, alleine den Text geändert hat sie nie. An den kleinen Jungen hat sie nur noch sehr selten gedacht, er war aus ihrem Sinn weg und woanders hingezogen. Marie Foucault hat das Ende des Geldes nicht mehr erlebt und es erinnert sich nun schon sehr lange niemand mehr an sie.

Obwohl sie doch der Grund ist, weshalb heute jeder auch ohne Geld bekommt, was was er braucht und was er will.

Paula Possen kauft (k)ein Auto

Paula Possen war Lehrerin und knapp fünfzig Jahre alt. Viele Jahrgänge von Schülern hatten ihre Frische, und was danach noch davon übrig war, hatte die Schulverwaltung verbraucht. Oder umgekehrt. Sie war also ein wenig vertrocknet, wie viele Lehrer jeden Alters halt. Sie war korrekt, mochte es nicht Entscheidungen treffen zu müssen und sie hatte graue Haare. Sich mit Dingen außerhalb ihres eigenen Lebens zu beschäftigen bereitete ihr Unwohlsein.

Paula Possen hatte ein rotes Auto, das sie aber seit ein paar Tagen nicht mehr fahren durfte. Es sei technisch veraltet hatte der Mann bei der Fahrzeugkontrolle ihr gesagt. Sie folgerte daraus, dass sie einen neuen Wagen brauchte. Den Erwerb dieses neuen Fahrzeuges nahm sie außerordentlich ernst. Sie wollte schließlich ihrer eigenen Vorstellung von einem mündigen Verbraucher entsprechen, auch wenn das für jemand wie sie keine einfache Aufgabe war.

So besuchte sie also Autohäuser, sah sich Modelle verschiedener Hersteller an, verglich Preise, Abgas- und Verbrauchswerte und informierte sich über die verschiedenen Antriebsarten. Prospekt um Prospekt häufte sich auf ihrem Wohnzimmertisch. Nur die Farbe ihres neuen Wagens bedurfte keiner Überlegung; es würde wieder ein rotes Auto sein. Ausgleichender Gegensatz zum graublauen Einerlei ihres Kleiderschranks.

Schließlich entschied sie sich für ein Modell der Deutschwagen Automobil AG. Zur Umsetzung ihrer Entscheidung in die Tat nahm sie am darauffolgenden Samstag ein Taxi. Das Autohaus des Deutschwagen Automobil AG lag draußen, außerhalb der Stadt, an einer der breiten Zufahrtsstraßen, auf der anderen Seite der Autobahn.

Die Autobahn über der das Taxi, eine knappe halbe Stunde später, auf einer Brücke, wegen einer roten Ampel zum Stehen kam. Unter Paula Possen breitete sich ein merkwürdiges Bild aus.

Nach links und nach rechts standen Hunderte, ja wie es schien Tausende Autos im Stau. So weit das Auge reichte; sechs Spuren gefüllt mit buntem Blech. Manche von ihnen mit laufendem Motor, andere mit schreienden Kindern auf dem Rücksitz. Modelle aller Hersteller und in jeder erdenklichen Farbe. Neue Autos und alte. Solche mit Schiebedach und solche ohne. Kombis, Cabriolets, Limousinen, Lastkraftwagen, Kühltransporter, Tanklastzüge.

Alle, ohne sich auch nur einen einzigen Millimeter zu bewegen. Nichts mit Automobil, sondern ganz im Gegenteil: Autostabil.

Die Ampel schaltete auf Grün um, das Taxi fuhr an und im äußersten Winkel ihrer Augen sah Paula Possen gerade noch, wie eine Eisenbahn mit gusseiserner Gelassenheit an den vielen, stehenden Autos vorbeizog.

Paula Possen kaufte weder an diesem Tag ein Auto noch an einem anderen. Was sie kaufte, war ein rotes Fahrrad. So eins mit dicken, gemütlichen Reifen, einem breiten Lenker und einem großen Korb für das Gemüse dran.

Heute gibt es die Deutschwagen Automobilwerke AG schon lange nicht mehr. Vermutlich haben zu viele Menschen vor einer roten Ampel auf einer Autobahnbrücke gestanden.

Was es seit einiger Zeit auch nicht mehr gibt, sind Filme über eine neue Eiszeit, menschenvernichtende Bakterien oder irgendein anderes, entsetzliches Ende der Menschheit. Es ist überhaupt sehr ruhig geworden auf dieser Erde. Augenblicklich wird überlegt, wofür es die vielen Straßen denn noch braucht. Aber mit Straßen ist das so, wie mit Ideen. Hat man sie einmal, dann wird man sie nur sehr schwer wieder los.

Paula Possen hat mit all dem natürlich nichts zu tun, sondern hält sich auch heute noch, wie schon ihr ganzes Leben, aus allem sorgfältig heraus.

Ein Sonntagmorgen in Oberengstirn

Oberengstirn ist ein Dorf, fast eine kleine Stadt, in den Ausläufern des Schwarzwaldes zum Bodensee hin. Es ist ein schönes, sauberes Dorf. Das Leben dort ist ruhig und die Dinge haben ihre Ordnung. In Oberengstirn ist das Leben so, wie die Menschen überall sich vorstellen, dass es sein soll.

Es war Sonntagmorgen. Ein Sonntagmorgen Ende Mai an dem die Gemeinde Oberengstirns, eine zahlreiche Gemeinde, sich wie jeden Sonntag in der Kirche zum Gottesdienst versammelt hatte. Es war eine herrliche Kirche, nicht allzu groß, mit weiß gekalkten Wänden, dunklem Gebälk, einem Strauss frischer Blumen auf und einem lebensgroßen, geschnitzten und gekreuzigten Jesus Christus über dem Altar. Der strahlende Frühlingstag ließ die Menschen, die Kirche, ja das ganze Dorf noch sauberer und noch ordentlicher erscheinen, als sie es ohnehin schon waren. Nach dem ersten Lied, zur Ehre des Herren, mit festen Stimmen gesungen, was wirklich ergreifend war, kam das Gebet. Fromm gefaltete Hände, tiefgläubig gesprochener, jahrhundertealter Text.

„ ... Dein Reich komme, Dein Wille geschehe ... "

Ehe aber die Gemeinde zu „ ... wie im Himmel, so auf Erden ... " kommen konnte erschütterte ein lauter, dumpfer Schlag die Kirche.

„Whuuummmm !!!"

Einige meinten später, dass in diesem Augenblick auch eine Rauch- oder Nebelwolke kurz den Altar verhüllte hätte, so ähnlich wie der Bühneneffekt bei einem Shakira Konzert, aber darüber konnten sich die Gemeindemitglieder nie wirklich einig werden. Den Schlag dagegen hatten sie alle gehört.

Natürlich erschraken die Menschen in der Kirche ganz fürchterlich; dem ersten Schock folgte aufgeregtes Stimmengewirr und dann völlige Stille. Man hätte eine Stecknadel fallen hören, wenn eine gefallen wäre. Es fiel allerdings keine.

Alle Blicke richteten sich nach vorne, in Richtung auf den Altar. Das Kreuz hing zwar noch an der Wand darüber, der hölzerne Jesus Christus jedoch war verschwunden.

Stattdessen stand ein junger Mann vor dem Altar, der zwar genauso aussah, aber ganz und gar nicht aus Holz war. Ganz im Gegenteil wirkte er ziemlich lebendig, wie aus Fleisch und Blut, wenn man das so sagen kann. Anstatt des Lendenschurzes trug er allerdings einen grauen Anzug und ein weißes Hemd. Schuhe hatte er nicht. Er stand barfuß da.

Er wirkte ein klein wenig unsicher, wie er so dastand. Ganz so, als ob er sich nicht wohlfühlen würde in seiner Haut. Er sah zuerst an sich herunter, dann sah er sich um, und als ob er die Gedanken der Menschen lesen könnte, was er mit einiger Wahrscheinlichkeit nicht nur konnte, sondern auch gemacht hat, schlug er das Sakko zurück.

Jeder konnte den Blutfleck an der Stelle sehen, an der vor runden zweitausend Jahren ein römischer Soldat, zum eigenen Spaß und zur Unterhaltung der Zuschauer, mit seinem Speer in ihm herumgestochert hatte. Dunkles Rot, das sich langsam auf dem Weiß seines Hemdes ausbreitete.

„Ihr geht mir so was von auf den Wecker!",

sagte er mit klarer und lauter Stimme in sauberem, akzentfreiem Deutsch.

„Mein Vater hat ja eine schier endlose Geduld mit Euch aber, um es klar und deutlich zu sagen:

Ich nicht!

Meine geht, offen gestanden, dem Ende entgegen!"

Die Gemeinde schwieg. Niemand bewegte sich. Es herrschte völlige Stille.

„Ja, ja. Da sitzt Ihr nun, wie die begossenen Pudel.

Habt, wie jeden Sonntag brav „ ... Dein Reich komme, Dein Wille geschehe ..." heruntergebetet aber wen von euch interessiert denn der Wille meines Vaters schon?

Nicht einen von Euch! Nicht einer von Euch, der sich auch nur ab und zu eine halbe Stunde Zeit nehmen würde, um darüber nachzudenken, was unter seinem Willen zu verstehen ist."

Nach einer kurzen Atempause fügte er mit versöhnlicherer Stimme und mit dem Blick auf ein paar Kinder und einen alten Mann, der im Dorf als ein wenig seltsam galt, hinzu:

„Mit ein paar Ausnahmen vielleicht." Er ging einige Schritte nach vorne, stand jetzt zwischen den ersten Reihen der Kirchenbänke.

„Außerdem ...",

seine Stimme war jetzt noch klarer, noch deutlicher, noch eine Spur lauter,

„... wie stellt Ihr euch das denn so vor, mit dem Reich meines Vaters?

Dass es von selber kommt?

Dass Ihr nur lange genug zu warten braucht?"

Wieder sah er sich um. Keinerlei erkennbare Reaktion. Mucksmäuschenstille und auf den Boden gerichtete Blicke.

„Und dass Ihr, bis mein Vater Euch dann sein Reich schickt, frei Haus, versteht sich, per FedEx, so ähnlich wie eine Büchersendung von Amazon, tun und lassen könnt, was Ihr wollt? Ein bisschen Religionskrieg hier, ein wenig Völkermord dort?"

Sein Blick richtete sich dabei auf den Besitzer der Fabrik von Handfeuerwaffen, feine Mechanik, neben der Kirsch eine weitere Schwarzwälder Spezialität.

„Oder gelegentlich ein ordentlicher Suff, so zum Zeitvertreib, und wenn Frau und Kinder nicht so spuren, dann gibt's eins drauf."

Sein Blick ruhte jetzt auf dem Bürgermeister.

Wieder ging er ein paar Schritte weiter, drang damit noch ein Stück weiter in die Gemeinde ein und löste so noch mehr Unbehagen aus.

Von hinten, von der Kanzel, kam jetzt ein Räuspern. Der Pastor hatte seine Fassung wiedergefunden.

„Also ... also so geht das nicht, junger Mann!", sagte der bejahrte Hirte der Gemeinde.

„Sie .... Sie ... stören unseren Gottesdienst! Ganz ... erheblich sogar!"

Noch ein Räuspern.

„Ich muss ... ich muss Sie deshalb wirklich dringend bitten, sich zu setzen oder, noch besser, die Kirche zu verlassen. Ansonsten ... ansonsten bliebe mir gar nichts anderes übrig, als die Polizei zu Hilfe zu rufen."

Der junge Mann, barfuß, im Anzug, blieb einen Augenblick lang ganz unbeweglich und lachte dann kurz auf.

„Mein Vater und ich sind ja eine Menge von Euch gewohnt aber ... Ihr seid doch immer wieder und immer noch für eine Überraschung gut."

Danach wurde er still. Er sah auf seine Füße hinunter, wo der Aufschlag seiner Hosen die großen, hässlichen, vereiterten Wunden, durch die hindurch er damals ans Kreuz genagelt worden war, mehr schlecht als recht verdeckte.

Er richtete sich kerzengerade auf.

„Manchmal frage ich mich wirklich, ob Ihr die Schmerzen wirklich wert wart und ob sich die ganze Mühe um Euch am Ende doch noch lohnt."

Er sah unverändert auf seine Füße.

„Nein. Die Polizei zu holen ist nicht nötig. Ich habe nichts verloren, wo ich nicht gern gesehen bin. Einen schönen Sonntag noch."

Mit diesen Worten verließ er die Kirche.

In dem Augenblick, in dem die Türe hinter ihm ins Schloss fiel, knackte es laut und vernehmlich und das leere Kreuz über dem Altar hing auf einmal schief.

Nach dem Gottesdienst, der im Übrigen in der gewohnten Ordnung und auch mit der üblichen Feierlichkeit ablief, kam es auf dem Platz vor der Kirche zu einer ausgiebigen, ja nahezu hitzigen Diskussion. Ihr wurde schließlich von der bestechenden Logik Helena Hubers, der Eigentümerin des örtlichen Lebensmittelgeschäfts, einer Frau mit gesundem Menschenverstand und ausgeprägtem Sinn für Soll und Haben, ein Ende gesetzt.

„Nie im Leben war dieser junge Mann unser Herr Jesus Christus.",

schnitt sie energisch das Stimmengewirr ab.

„Hat denn außer mir niemand sein Deutsch gehört? Das war nie und nimmer ein Ausländer und eins wissen wir doch ganz genau:

Unser Herr Jesus Christus war ganz sicher kein Deutscher, sondern ein Kanak!"

Während die Gemeindemitglieder noch auf dem Platz vor der Kirche herumstanden, saßen runde hundert Kilometer südwestlich von Oberengstirn der Vater und sein Sohn auf einer kleinen, weißen Wolke mit Blick auf die Glarner Alpen.

„Hab ich es Dir nicht gesagt?", sagte der alte Mann zu seinem Sohn.

„Noch so etwas, was mir auf dem Wecker geht.",

antwortete der Sohn nach einem Augenblick und mit einem missmutigen Ausdruck im Gesicht.

„Du hast immer recht."

Alles, was der der Gemeinde Oberengstirn von diesem Sonntagmorgen blieb, war ein schief hängendes Kreuz über dem Altar. Weder damals noch in den folgenden Jahren ließ sich eine stichhaltige Erklärung dafür finden, weshalb es allen Versuchen es wieder gerade zu richten hartnäckig widerstand.

Wenig Autobiografisches

Meine Abneigung über mich selbst zu schreiben, so als ob ich ein Waschmittel wäre, oder ein klebriges Erfrischungsgetränke, wird nur noch von der gegen Netzwerke im Internet und industriell produziertem Essen übertroffen. Dennoch:

Ich wurde 1956 in einer süddeutschen Stadt geboren und setze seit dreißig Jahren all meinen Ehrgeiz daran meine Tage nicht auch dort beschließen zu müssen. Folge dieses Ehrgeizes war ein bewegtes Leben. Ich habe mich daran gewöhnt nirgends zu Hause zu sein. So sehr, dass es mir mittlerweile schwer fällt mich für längere Zeit an einem Ort aufzuhalten. Kurios ist, dass ich mich trotzdem danach sehne eine Heimat zu finden.

Ich gehöre mit meinem Jahrgang nicht nur zu der Generation, die gerade mit dem Aussterben beginnt, sondern ich stamme damit tatsächlich noch aus dem letzten Jahrhundert. Ich kann mich noch an Straßen ohne parkende Autos erinnern, an Bierkutschen, Erntehilfe, Maikäfer (keine Erinnerung, die ich schätze) und an die Wohnung meiner Urgroßmutter, deren einziger Komfort in einem Wasserhahn in der Küche bestand. Wenn meine Erinnerung mich nicht trügt, dann hat mir das Leben damals trotzdem besser gefallen, als heute.

Ich habe Kinder und Enkel, nicht genug gute Freunde

und führe überhaupt ein sehr zurückgezogenes Leben. Von meinen drei Leidenschaften gilt die erste einer Frau; danach kommt Skilaufen und Kaffee auf Rang 3.

Nachdem ich hier nun schon mal am Schreiben bin:

Ich bin auf der Suche nach jemandem, der dieses Buch illustriert. Ich fände es schön, wenn Marie Foucault, Herr Karl, Hubert Bollinger-Dallfort und all die anderen Figuren ein Gesicht bekommen. Oder doch jedenfalls eine Gestalt.

Wer immer Lust dazu hat, der kann mir unter weltbild 2015@gmail.com schreiben. Wie selbstverständlich auch jeder andere, der mir etwas mitteilen möchte oder zu sagen hat.